LA PROMENADE

DE S. GERMAIN.

A

MADEMOISELLE

DE SCVDERY.

A PARIS,

Chez GUILLAUME DE LUYNE,
Libraire Juré, au Palais, dans la
Salle des Merciers, à la Justice.

M. DC. LXIX.

Avec Privilege du Roy.

LA PROMENADE
DE SAINT-GERMAIN.
A MADEMOISELLE
DE SCVDERY.

ADEMOISELLE,

Ie ne veux point vous
surprendre, preparez-vous

A

à lire une grande lettre ;
mais si le discours en est
long, la matiere en est belle. Avec cela c'est une piece que l'on a souhaitée de
moy ; & en voicy l'histoire
en peu de mots. Nous
avons été ces iours passez
voir de petits Cabinets que
le Roy s'est fait faire depuis peu à Saint-Germain.
O la belle chose ! un de
vos Amis qui se trouva
tout proche de cet admirable lieu, & qui y entra
avec nous, veut que je
vous en fasse la descri-
ption. Pour moy je ne say

pas à quoy il pense. Il auroit bien meilleure grace de faire luy-méme ce qu'il conseille aux autres ; & j'ay vint raisons pour l'en convaincre, dont la moindre est qu'il a cent fois plus d'esprit que moy. Mais il n'importe, la chose est resolüe ; je luy veux obeïr, & vous montrer à tous deux en cette occasion que rien ne m'est impossible quand il s'agit de vous satisfaire.

Vous savez bien que ce chemin si clair
Qu'on voit au Ciel pendant la nuit obscure,
Meine au Palais du grand Dieu Iupiter,
Comme un Auteur digne de foy l'assûre;

C'est Ovide, & cela suffit.

Mais vous ne savez pas peut-estre

Qu'à Saint-Germain, tant le jour que la nuit,

Depuis deux ans on en voit apparaître

Vn autre en l'air, qu'a voulu qu'on y fît

Monsieur Colbert des Bâtimens le Maître.

Il est si beau, si belle en est la veüe,

Qu'en y passant, les yeux sont éblouïs !

Et ce chemin meine & sert d'avenuë

Aux Cabinets de notre grand LOVIS.

C'est un haut & magnifique Balcon que l'on a fait au vieux-Château, le long des appartemens du Roy & de la Reine, du côté qui regarde le Nort. Cette piece apporte tant d'ornement & tant de commodité à ce Palais, qu'on la croit aussi ancienne que tout le reſte du Bâtiment. On ſe perſüade qu'elle y a toujours été, parce qu'elle y devoit touiours être : & c'eſt ainſi que l'on eſt ſurpris tous les jours en voyant le ſuccez des ordres de ce Genie univerſel qui prend le ſoin de ces choſes, & qui ſait ſi bien donner la derniere perfection à tout ce qui depend de ſon Miniſtere.

Toute la Cour donne le nom de Terraſſe à ce Balcon ; & en effet il eſt aſſez large pour meriter qu'on l'appelle ainſi. Vous pou-

vez juger, aprés la promenade que vous avez faite
icy pendant la saison des
Cerises , si nous devons
nous connoître en belles
veües : quoy qu'il en soit ,
Mademoiselle , je vous dis
maintenant en prose qu'il
n'y en a point de plus riche
au monde ni de mieux va-
riée que celle qui se presente devant la Terrasse dont
je vous parle. De là on a le
plaisir de se promener des
yeux dans les Iardins du
Roy & à plus de quatre
lieües aux environs , dans
des Valons & sur des Cô-

taux qui font une perspe-
ctive admirable.

Tant de si doux obiets;
une découverte si avanta-
geufe ; le voifinage d'une
grande foreft & d'une
grande riviere ; la pureté
de l'air, & je ne fay combien d'autres belles chofes
qui fe rencontrent heureu-
fement enfemble à Saint-
Germain en font aimer le
fejour au Roy , & font cau-
fe que le Vieux-Château
l'emporte aujourd'huy fur
tous les modernes. Voila
ce que c'eft que d'avoir eû
du commencement la Na-
A iiij

ture favorable ! Cela fait
bien voir que ce n'eſt pas
la belle Architecture qui
rend les Palais agreables &
qui les fait habiter.

Admire qui voudra la pompe de cet Art ;
La charmante Nature a des graces à part
Qui touchent davantage & les yeux & les ames.
On ne peut m'oppoſer de valables raiſons.
Nature fait les belles femmes
Et les belles maiſons.

C'eſt elle qui donne les
belles ſcitüations & les
beaux païſages ; & com-
me elle ne fait pas de ſem-
blables liberalitez à tous
ceux qui bâtiſſent, il arri-
ve de là auſſi qu'on voit aſſez de riches Bâtimens &

peu de belles Maisons.

Monsieur le Brun, avec qui nous avions fait la partie, nous mena d'abord sur cette Terrasse : la Compagnie fut surprise & charmée d'une veüe si accomplie ; & il n'y eut personne qui ne s'imaginât estre passé dans l'ancienne Assirie ou dans l'ancienne Egypte par la machine de quelque songe, & se trouver dans ces Iardins suspendus, dont on a fait tant de bruit. Cette vision n'étoit pas si hors de raison qu'on diroit bien, & vous le connoitrez par

la suite.   On peut de cette
Terrasse aller à la Cham-
bre du Roy , qui s'habilloit
alors :

En ce lieu neanmoins parurent peu de Gardes ;
La liberté s'y trouvoit comme ailleurs ;
Et le nombre des halebardes
Le cedoit à celuy des fleurs.

Nous y marchions entre
deux rangs de Lauriers-
cerises , de Tricolors , de
Iasmins & de Tubereuses :
& tandis qu'avec un petit
cristal dont ie me sers pour
allonger ma courte veüe ,
ie cherchois notre Mont-
morency d'où nous étions
partis , notre Conducteur
alla s'assûrer de l'ouvertu-

re des Cabinets , & nous vint reioindre aprés avoir obtenu la permiſſion de nous y faire entrer.

Il nous falloit paſſer devant une porte qui répond de la Chambre du Roy ſur cette Terraſſe ; elle étoit ouverte & ſi fort aſſiegée de Courtiſans, qu'il n'y avoit preſque point de place pour aller au delà. Le Roy étoit alors auprés de cette porte , & c'eſt d'où venoit une ſi grande preſſe. Ie tâchay de le voir en paſſant , mais ce fut en vain ; l'éclat de ſa perſonne eſt ſi grand que i'en fus frappé, méme en ne la voyant pas. I'eus beau avoir recours au petit cristal que ie tenois à la main ; cela ne servit de rien ; au contraire mon é-blouïssement s'accrut au lieu de diminüer ; & i'ex-perimentay ainsi la verité de ces sages paroles qui disent que *Celuy qui cherche trop curieusement la Majesté sera opprimé par la gloire.*

La Terrasse finit à trois ou quatre pas au dessous de cette porte de la Chambre du Roy, & c'est à cette ex-

tremité que commence de
ce côté-là le petit Appartement que nous allions
voir. Il est rangé fur une
autre Terraffe de plain
pied qui regne tout le long
d'une autre face du vieux
Château , & qui regarde
les Cours du Château-
neuf. Il y a au bout de la
Terraffe où nous étions,
une porte qui nous fut ouverte ; & alors nous entrames dans les lieux tant de-
firez , où ie trouvay encore
mille autres fuiets d'é-
blouïffement.

En effet ie défie l'imagination la plus riche & la plus heureuse de se former une idée de choses qui puissent montrer tout ensemble tant d'art, tant d'esprit & tant de magnificence. Tous les murs & les plafonds sont revétus de glaces & de miroirs avec des quadres & des ornemens dont l'or fait la moindre richesse. On y marche sur des planchers qui seroient dignes de faire la pompe des plus belles voûtes, & d'étre au dessus des testes les plus superbes. Ce ne sont que des marbres de toutes les couleurs , des Ouvrages en Mosaïque , & des parquets de pieces de rapport. On y voit en tous les coins & en cent autres endroits de grands Vases d'argent chargez de fleurs, des Pilastres & des Termes de méme metal qui portent des filigranes d'or : & tout cela me parut si éclatant, que me ressouvenant de la Devise du Roy ,

Ie crûs en verité , sans pousser trop les choses ,
Estre par un miracle , à nul autre pareil ,
Transporté d'icy bas au Palais du Soleil,
Tel qu'on le voit bâty dans les Metamorphoses :
Mais le Soleil qui brille en ces lieux enchantez
N'a point ces ardeurs violentes ,
Qui font en mille endroits deserter les citez .

Qui noirciſſent le teint, qui flétriſſent les plantes;
Qui dans l'aride ſein des plaines languiſſantes
S'inſinuant de tous côtez,
Vont juſqu'en leurs canaux voutez
Secher les rivieres naiſſantes;
Et n'expoſent aux yeux des familles errantes
Que des ſablons ingrats de beſtes frequentez.
L'Aſtre du Ciel où nous étions,
Car d'un celeſte nõ ces beaux lieux sẽblent dignes,
Ne répand que de doux rayons
Et des influences benignes
Qui font fleurir ſes regions.
Au lieu des Chiens brûlans, des devorans Lions,
Des Centaures, des Scorpions,
Et de telles beſtes malignes
Que l'autre viſite en ſon cours,
Celui-cy fait regner les beaux Arts en nos jours;
Et ſon Zodiaque pour Signes
En ce lieu n'a que des Amours.

Mais ces Amours ſont in-
ſtruits à toutes les belles &
grandes choſes:Ils ſe ioüent
avec les Lions & les Leo-
pards;

pards ; ils bâtiſſent, ils tra-
vaillent, ils vont à la chaf-
ſe, ils manient les armes,
& ſe montrent capables de
tout. On en voit de tou-
tes parts qui ſont peints ſur
des glaces, & dont les diferentes poſtures font autant de douces emblémes.
Mais ce qui eſt ſingulier en
tous ces Tableaux, c'eſt
qu'étant peints derriere les
miroirs, les premiers traits
que le pinceau y a couchez
forment la figure telle
qu'on la voit ; au lieu que
dans la peinture ordinaire
ce ſont les derniers coups

de pinceau qui l'achevent & qui la finissent.

Monsieur de Pelisson qui étoit au lever du Roy, & qui se trouva sur la Terrasse comme nous passions, entra avec nous dans ce beau Palais des Amours. Nous nous y reconnumes tous deux avec autant de surprise que de ioye ; les premieres paroles que nous nous dîmes furent de vous, & c'est luy qui m'a conseillé de vous faire le recit de tant de belles choses.

Mais pour m'en acquiter avec honneur, il fau-

droit que ie pûſſe me reſ-
ſouvenir icy de tout ce que
i'en entendis alors dire à
Monſieur le Comte de No-
gent. Vous connoiſſez la
modeſtie de Monſieur le
Brun , qui n'eſt pas moins
admirable que ſes Ouvra-
ges. Il ne parle bien vo-
lontiers que des choſes qu'il
n'a point faites ; & com-
me celles que nous regar-
dions viennent toutes ou
de ſes mains ou de ſa te-
ſte , il ſe contentoit de
nous les montrer ſans nous
en faire remarquer l'eſprit.
Monſieur le Comte de No-

gent qui nous fait la grace
de nous aimer un peu , &
qui voulut bien alors nous
venir ioindre , y supplea
merveilleusement. Il nous
expliqua toutes choses,
mais avec un esprit qui luy
est singulier & à ceux de
son nom ; en sorte, Made-
moiselle , que si vous trouvez quelque endroit qui
vous plaise dans la descri-
ption que ie vous fais , vous
luy en devez avoir toute
l'obligation.

Iusqu'icy ie ne vous ay
parlé que confusement de
tout cet admirable Biiou ;

mais pour vous en donner
une Idée plus diſtincte , il
faut que ie tâche d'imiter le
bel ordre que vous gardez
dans tous les recits que
vous faites. Ces Cabinets,
car ie les nomme ainſi, tant
acauſe qu'ils tiennent peu
de place , que parce qu'ils
ſont ioints à la Chambre
du Roy , qu'ils accompa-
gnent ; ces Cabinets , dis-
ie , ſont entr'eux un petit
appartement entier par les
pieces qui le compoſent.
Auſſi le Roy appelle cela
ſa Chambre particuliere ,
pour en faire la diference

d'avec l'autre qui eſt ouverte à toute ſa Cour.

Ie vous ay fait entendre
que nous y entrames par
une porte qui eſt au bout
de la Terraſſe où nous é-
tions venus d'abord; mais
ie vous y veux donner une
autre entrée pour vous faire voir chaque choſe en
ſon rang , & c'eſt par la
Chambre du Roy. Ad-
mirez un peu le credit que
ie me donne icy. Le pre-
mier lieu qui ſe preſente de
ce côté-là eſt une Anti-
chambre, dont les lambris
ſont tout de miroirs enri-

chis d'or : il y en a par tout, comme ie vous ay dit, & iufqu'aux plafonds.

Au milieu du plafond qui eft fur l'eftrade à l'entrée que ie vous ay promife, eft le portrait d'une Beauté accomplie qui tient une pomme d'or ; & à la voute qui eft au delà de l'eftrade & qui eft enfoncée d'une maniere d'Architecture fort riche, il y a au fond la figure de Iunon qui tient un Sceptre & qui a un Paon auprés d'elle.

De ces Tableaux incomparables
L'un par fa pomme d'or & fes charmes connus,

Represente aux regards ce qu'ils aiment le plus,
Ce juste arrangement de choses agreables,
Ces yeux brillans & bien fendus,
Cette bouche, ce nez, ces cheveux admirables,
Ces roses, ces lis répandus
Qui cachent de doux homicides;
Tous ces pieges enfin subtilement tendus
Où l'on a veû tomber les Dieux & les Alcides.
C'est la Beauté.
Et l'autre qu'on a peint sur le méme modelle,
Cette Iunon pleine de majesté,
Est la supréme Autorité,
Altiere & jalouse comme elle.

Cette derniere figure toute royalle est accompagnée de diverses Emblémes qui sont rangées alentour, dans les pans de l'enfoncement de la voûte. Vous ne doutez pas, Mademoiselle, que ces Emblémes ne

soient

foient peintes avec toute
l'excellence de l'Art ; Mais
vous ne favez pas ce qu'elles reprefentent, & je vais
vous l'apprendre. Ce font
les inclinations du Roy.
Cela devoit eftre touché
d'une façon poëtique qui
fut auffi agreable que ju-
dicieufe & fpirituelle. C'eft
ce que l'on a fait, & vous
l'allez voir.

Comme les diferentes
inclinations que l'on a
pour les chofes, font, à les
bien prendre, autant de di-
ferents amours qui y por-
tent les hommes dés leur

plus tendre jeunesse ; on ne pouvoit pas mieux, ce me semble , figurer celles du Roy , toutes serieuses & toutes grandes qu'elles sont , que par de petits A-mours appliquez attenti-vement à ces mémes cho-ses. Aussi Monsieur le Brun qui est un excellent Poëte en toutes ses Peintures, n'y a pas manqué en celles-cy. Il s'est tout-à-fait bien ser-vi de ces petits symboles dans un dessein si vaste, & cela produit le plus agrea-ble effet du monde.

Il a consideré diferemment les inclinations du Roy, les unes comme luy venant de la Nature, & les autres comme luy étant données par la raison. Les premieres telles que la Chasse, la Musique & la Danse n'ont pour objet que le seul plaisir ; & les autres, comme le Commerce & la Guerre, regardent le bien & la gloire de l'Etat. Pour representer ces differentes choses, Monsieur le Brun s'est servi par tout de mémes Acteurs, mais qui font de diferentes actions & qui sont toutes proportionnées à leur âge ; ce qui rend la fiction tout-à-fait agreable.

Ainſi l'on y voit avec grand divertiſſement un de ces petits Amours chaſſeurs qui s'eſt paſſé la teſte dans un Cor, qui l'embarraſſe ; & un autre qui aimant la Muſique touche une viole de ſes doits, & préte en méme temps l'oreille fort attentivement, comme ſi le ſon que l'on tire de cet inſtrument avec la main ſeule pouvoit eſtre bien harmonieux.

Sur tout je pris plaisir à voir
La posture diverse
De ces jeunes Enfans qui marquent le Commerce,
Occupez de tout leur pouvoir,
Comme Negociants d'un notable savoir,
A tenir leurs Iournaux, les lire,
Charger, rayer, chifrer, écrire,
Conter argent, payer & recevoir.
D'autres pour qui la gloire a de plus nobles charmes
Dans un quadre opposé cherchent d'autres emplois :
L'un prend l'épée, un autre endosse le harnois ;
Et faisant tous l'essay de quelques pieces d'armes
Montrent qu'ils ont le cœur François,
Qu'ils aiment les fameux exploits
Et qu'ils craignent peu les alarmes.
Mais le Peintre savant
Voulant montrer que bien souvent,
Tel se met en campagne & commence la guerre
Qui ne peut à son gré la terminer aprés ;
En a figuré tout exprés
Vn d'entre eux que son casque serre,
Et qui de ses deux bras trop foibles & trop courts,
Ne pouvant plus l'ôter de sa teste enfantine,
Semble appeller à son secours

C iij

La Trouppe voisine
Des autres Amours.

De-là à main gauche est
une chambre destinée au
repos du Roy, où l'on voit
dans l'enfoncement de la
voute, qui est faite en Coupe, trois petits Amours qui
sont peints d'une maniere
inimitable. Ils tiennent
tous trois de toutes leurs
mains un méme Lustre a-
vec un empressement mer-
veilleux ; & quoy qu'ils pa-
roissent fort empeschez à
en soutenir le poids qui est
trop grand pour la petitesse
de leur corps, la peinture

est si artistement faite qu'on apperçoit nean-moins à leurs yeux & sur leur visage la joye qu'ils ont à éclairer le Roy avec ce Lustre.

Il y en a quatre autres autour d'eux dans le fond de la Coupe ; mais ils ne leur ressemblent pas. Ie n'ay jamais rien veû de si opposé : Ils ne respectent aucune puissance, & n'é-pargnent ni les Heros ni les Dieux mémes.

Le premier, pour faire voir qu'il exerce son em-pire jusques dans les Cieux

tient, ce me semble, un Ci-
gne & un Aigle dont il
contraignit autrefois Iu-
piter de prendre la figure.

Le second voulant mon-
trer que les Enfers n'ont
pas moins reſſenti auſſi ſon
pouvoir, arbore pour mar-
que de la victoire qu'il a
remportée ſur Pluton, le
Sceptre fourchu de ce
Dieu, qui d'ailleurs repre-
ſentant la richeſſe, donne
par ſa défaite un double
triomphe à l'Amour.

Le troiſiéme qui n'eſt
guere moins fier, ſe rit de
la force guerriere, & ſe

fait un Trophée des armes de Mars.

Le dernier ne traite pas mieux la force heroïque : Il se joüe de la depoüille d'Hercule ; & non content de montrer la massuë de ce domteur de Monstres jettée à ses pieds avec une quenoüille, le petit emporté prend encore la peau du Lion : il se la met sur la teste, & s'en coëffe plaisamment comme s'il en vouloit faire une mascarade.

Sur les côtez de la coupe on voit les divertissemens du Roy qui sont representez par ses maisons de plaisance ; & l'on y remarque entre autres S. Germain, Versailles, & Fontaine-Bleau. Mais parce que le Roy a bien montré qu'il fait aussi ses plaisirs des travaux de la Guerre, on n'a pas oublié d'en peindre une petite image auprés de cette derniere maison, par la representation du Camp qu'il y a fait faire autrefois.

Au Plafond de l'Alcove qui est entourée de force jeunes Amours peints sur

les glaces du Lambris , on
voit le Tableau d'une
Deeſſe qui n'étalle pas ſeulement tous les charmes de
la beauté ſur ſon viſage ;
mais qui répand auſſi de ſes
mains toutes ſortes de pieces d'or & d'argent , & qui
a encore derriere elle une
corne d'abondance dont
il ſort quantité d'autres
richeſſes.

Il n'eſt pas beſoin , Ma-
demoiſelle , de vous dire
que cette Nymphe repre-
ſente la Magnificence;vous
devinez des Enigmes qui
ſont bien plus dificiles :

mais que vous semble de la
scitüation que Monsieur le
Brun luy a donnée ? Ne
trouvez vous pas qu'il l'a
placée   bien   iudicieuse-
ment dans le voisinage de
tous ces petits audacieux ?

N'en déplaise à tous les Amours
Que tant de Victoires couronnent,
Cette belle qu'ils environnent
Prête aux Amans de grands secours.

Il y a sur l'Estrade un lit
à la Romaine , dont les ri-
deaux qui étoient retrous-
sez , sont d'un tissu d'or &
d'argent qui me parut un
ouvrage   aussi   nouveau
qu'il est riche. Le dossier

du lit eſt un relief d'argent
à iour, où l'on voit au côté
droit un petit Amour qui
conte curieuſement les
dents d'un Lion , & un
autre de l'autre côté qui
tient doucement un Leo-
pard au cou. Il y en a un
troiſiéme au deſſus d'eux
qui eſt aſſis ſur un aigle au
milieu du doſſier , d'où il
menace tout le monde d'u-
ne fleche qu'il tient cou-
chée ſur ſon Arc.

Comme les Princes &
les Souverains n'ont point
de plus ſeûre garde que l'A-
mour , ie m'imagine que

celuy-là eſt en faction , & qu'il veille à l'entour du lit du Roy : mais tandis qu'il eſt ainſi à l'erte, on en voit quantité d'autres aux glaces du Lambris de l'Alcove qui ſont dans une poſture paiſible , & qui invitent au repos ceux qui les regardent.

Celuy-cy , le doit ſur la bouche ,
Semble impoſer ſilence à tous ;
Celuy-là fatigué de tirer trop de coups
Ote ſon carquois & ſe couche.
Vn que le grand jour effarouche
Eteint de ſon flambeau les feux cuiſans & doux.
Vn autre enfin qui n'eſt ni peureux ni jaloux
S'endort, & fait bien voir qu' aucun ſoin ne le touche.
Ainſi tous ces Amours promettent le repos ;
Et je n'en vis qu' un ſeul dans un coin de l'eſtrade

Qui se tenoit en embuscade

Et décochoit un trait dispos.

Mais ce trait est un coup de Maître

Que l'illustre le Brun fait là bien à propos :

Sa pensée est d'instruire, & de faire connêtre

Que l'Amour est un petit Traître ;

Qu'il s'en faut défier de loin comme de prés ,

Et qu'en quelque état qu'on puisse être

Il est bien malaisé d'échapper à ses traits.

Mais ce ieune Avanturier n'eſt pas encore ſi dange-reux ni ſi formidable que celuy dont ie vais vous par-ler; il y a bien à dire. Il n'eſt auprés de luy tout au plus que,

——— *de la plebe de gli Dei,*

pour me ſervir des termes de l'Aminte du Taſſe ; & l'autre bien au contraire,

E tra grandi e celesti il piu potente.

En voicy la raison. C'est
que le premier n'a qu'un
but & qu'une visée , au
lieu que cet autre tient au
bout de sa fléche quicon-
que est si hardi que de le
regarder. On a beau chan-
ger de place & se tourner
de tous côtez, on est touiours à sa mercy , touiours
à la pointe de son trait ; &
y eût-il cent personnes à le
voir , il les mire tous ensemble & chacun en parti-
culier. D'ailleurs il n'épar-
gne ni l'habit ni la profes-
sion ; & ie vous nommeray

des

des gens de notre Compagnie qui me parurent tout embarraffez de voir qu'il donnoit fur eux auffi-bien que fur les autres.

Pour voir ce mauvais garçon il faut entrer dans un Cabinet qui tient à la Chambre que ie viens de vous montrer, & qui eft la derniere piece de l'Appartement. Il eft pris dans une petite Tour voifine qui fait le coin des deux Terraffes dont nous avons parlé : fa figure eft octogone ; & l'on y voit des miroirs dans tous les lambris,

D

& des filigranes d'or &
d'argent rangées fur la
Corniche qui regne tout
au tour , comme dans les
deux autres pieces prece-
dentes. Il y a encore dans
ce Cabinet deux grandes
figures d'argent , qui font
fi hautes & fi bien faites
qu'on en demeure tout fur-
pris en entrant.

L'une reprefente Apollon.
Lors que dans l'aimable Vallon
Où ferpente le doux Penée ,
Ioignant la Nymphe qui le fuit ,
Il n'a de fa courfe obftinée
Rien que des feuïlles pour tout fruit.

C'eft de cette belle fugiti-
ve qu'eft venu en ligne di-

recte le jeune laurier qui eſt dans votre jardin , & dont vous m'avez promis une couronne quand il ſera plus grand.

L'autre figure eſt auſſi belle,
I'eus bien long-temps les yeux deſſus ;
Mais de dire comme on l'appelle,
Excuſez-moy de grace, il ne m'en ſouvient plus.

Le terrible Aſſaillant que ie vous ay tant vanté, eſt au plafond de ce Cabinet ; & comme ſes coups ſont inévitables , on ne voit auſſi par tout ſur les glaces du lambris que des emblémes qui ne parlent que de ſes priſes & de ſes conqueſtes.

Le cœur fidelle qui eſt repreſenté par une Colombe qu'un petit Amour tient à la main ; l'humeur altiere & la cauſeuſe qui ſont figurées par de ieunes Amours qui tiennent l'un un Paon & l'autre une Pie : enfin ie ne ſay combien d'autres diferens ſymboles de diferens Amours ſont peints là de toutes parts, comme autant de priſonniers de guerre qui ont été faits par ce Victorieux.

Ne croyez pas , Mademoiſelle , qu'il n'ait point d'autre fleche à tirer que

celle qu'il presente ; on luy
en appreste à tous momens
de nouvelles : & c'est pour
cela sans doute que l'on
voit dans le même lam-
bris un autre petit Amour
à l'écart, qui est occupé à
éguiser & afiler des traits.
Il est merveilleusement at-
tentif à son travail ; & pour
moy ie pense que c'est un
Officier des plus experts, à
qui le Prince qui est au
plafond a donné parti-
culierement cette charge
dans sa maison.

Il y a dans l'ouverture de
la cheminée un grand vase

d'argent qui fait cent petites fontaines iallissantes
à discretion ; & cela sert
quand on veut, a rafrai-
chir agreablement le lieu
en été. Au manteau de
cette cheminée on voit les
quatre Elemens en quatre
figures separées qui com-
posent un quarré ; & dans
le milieu est un Amour
triomphant, qui avec tou-
tes ces figures elementaires
iointes ensemble, tient un
portrait merveilleux dont
il tire toute sa gloire &
toute sa puissance.

Tout fier de tenir cette Image

Il infulte aux plus grands Vainqueurs.

De ce qu'ils n'ont autre avantage

Que d'accroiftre leur heritage

Par la force & par les rigueurs

Que Bellone met en ufage ;

Au lieu qu'au feul afpect de ce charmant vifage

Il eft maître abfolu des plus rebelles cœurs

Qui viennent tous luy rendre un volontaire

hommage.

Là, tel qu'il fut jadis quand de l'affreux Chaos

Fâché de voir le trouble enorme ,

Il chaffa de la maffe informe

La haine & le défordre enclos ;

On le voit gouverner l'air , le feu , l'eau, la terre ;

Et de ces Ennemis adouciffant la guerre ,

Donner à l'Vnivers la paix & le repos.

Avoüez , Mademoifel-
le , que vous étes eblouye
de tant de belles chofes,
& que vous feriez bien ai-
fe de trouyer maintenant

quelque grotte où vous
pûssiez vous delasser , &
prendre un peu de rafrai-
chissement. Ie me doute
que cela ne vous deplairoit
pas : He bien vous allez
estre servie à point nom-
mé ; il y en a une icy tout
proche , où vous verrez
entr'autres choses un iet
d'eau de plus de dix pieds
de hauteur, & la plus charmante cascade qu'il y ait
au monde. Il ne faut que
repasser dans l'anticham-
bre par où ie vous ay fait
entrer de la chambre du
Roy.

Vous

Vous ne me croyez pas; car quelle apparence qu'on puiſſe trouver une grotte, avec des iets d'eau & des caſcades ſur un Balcon ? mais il falloit cela auſſi pour achever l'enchantement. Venez donc, s'il vous plaiſt, & faites moy l'honneur de me ſuivre iuſqu'à l'autre bout de ce petit Palais.

Au delà de l'Eſtrade de l'Antichambre, à main droite, vis à vis des beaux lieux que ie viens de vous faire voir, ſe trouve cette admirable grotte; où du

milieu du plancher qui eſt
d'un marbre de toutes couleurs , il ſort un gros iet
d'eau qui va iuſqu'au plafond attaquer un petit A-
mour qui tient un foudre.

A voir cet Amour au
travers de l'eau qui le cou-
vre, on diroit qu'il s'offen-
ce de l'inſulte que luy fait
ſon Ennemie ; & mémé
dans le mouvement de
l'eau il ſemble qu'il ſe tre-
mouſſe , comme s'il vou-
loit lâcher la foudre qu'il
tient toute preſte ſur elle.
Mais cette eau ſe moque de
ſa colere & de ſes menaces;

& non contente de luy porter ſon boüillon iuſ-ques dans le nez, elle fait encore paſſer la figure de ſon iet au travers des gla-ces du plafond , & forme ainſi un ſecond iet au deſ-ſus de ce petit foudroyant , qui par cet agreable pre-ſtige a l'affront encore de paroitre enfermé entre deux eaux ialiſſantes.

Au côté le plus apparant de la grotte, contre un mur tout revétu de marbre , & iuſtement au milieu de ce mur , il y a le relief d'un Neptune qui eſt repreſenté

E ij

sur son char tiré par des chevaux marins. Cette figure qui est d'argent deploye de tous côtez quantité de petites nappes d'eau les plus agreables du monde, & fait ainsi la belle cascade que je vous ay promise.

Mais ce n'est pas la seule figure qui soit dans cette grotte ; j'y en vis quatre autres qui ne luy cedent nullement, ni pour la matiere ni pour la forme. Ce sont des Amours que ie n'ozerois appeller petits comme les autres , parce

qu'ils me parurent d'une
taille assez grande. Ils portent chacun sur leur teste
une corbeille chargée de
fruits qui font une infinité
de iets d'eau : mais le iet du
milieu de la corbeille, comme le plus haut & le plus
fort, domine sur tous les
autres , qui se contentent
de noyer ces fruits , & de
faire une douce pluye à
l'entour de ces ieunes
enfans.

Chacun d'eux est dans
une grande Coquille assis
cavalierement sur un Dau-
phin qui iette aussi de l'eau;

& ces divers ialiſſemens ſe raſſemblant dans cette co-quille qui eſt ſoûtenuë par de petits Tritons dorez, toute l'eau ſe répand de-là en méme temps dans des baſſins de marbre blanc, & fait en tombant, comme une menüe grille d'argent qui empriſonne ces petits Dieux Marins.

Tous les autres orne-mens ſont de méme : on n'a iamais veû encore un ſi beau coquillage ; & ce n'eſt pas ſeulement à cauſe qu'il eſt enrichy de quantité de branches de corail de tou-

tes couleurs , mais aussi
parce qu'il est arrangé avec
tout l'art imaginable. L'ou-
vrier s'est aquité en cela
tout à fait bien de son de-
voir.

Ce ne sont que festons, arcs, fruits, pampres, raisins
Et la peinture encore animant ces rocailles
Y figure par tout à l'entour des murailles
Mille petits Amours marins ,
Les uns assis sur des écailles
Et les autres sur des Dauphins.

Mais ce n'est pas tout
encore : cette grotte en
produit plusieurs autres ,
& cela se fait par les miroirs qui sont aux lambris
& aux plafonds des cham-
bres, qui representent tous

cette grotte à l'envi l'un
de l'autre ; en sorte que lors
qu'on luy donne l'eau , on
voit aussitôt cent cascades
pour une , & infinis iets
qui se reproduisent de tous
côtez. Chaque glace ren-
voye aux autres la figure
des obiets qu'elle reçoit ;
& ce que l'une n'a pas di-
rectement , elle l'emprunte
de quelqu'une de ses voisi-
nes. Ainsi rien ne se perd
dans ces miroirs , & l'œil y
retrouve presque par tout
l'image de bien des choses
qu'il a veuës réellement en
ces lieux , mais qui ne se

peuvent plus voir de la place où l'on eſt. En voicy un Exemple.

On ne ſauroit voir de l'eſtrade de l'Antichambre le veritable Neptune qui eſt dans la grotte, parce qu'il eſt derriere un mur qui le cache. Cependant on ne laiſſe pas d'en trouver la figure dans les miroirs de cette eſtrade, & cela vient d'une ſeule glace aſſez eloignée que ce Neptune regarde de coin, laquelle apres en avoir receu l'image, la diſtribuë enſuite à toutes les autres glaces.

Il y a méme quantité d'arbres des Iardins d'alentour, qui se viennent mirer aussi dans ces chambres par les fenestres qui repondent sur le Balcon ; ce qui fait autant de tableaux de païsages qu'il y a de miroirs. Ie vous donne à penser, Mademoiselle, si de tels, tableaux sont naturels & si ces arbres sont bien representez.

Nous nous vîmes sous leur ombrage;
Et vîmes aussi des oiseaux ,
Qui passoient dans la cour entre les deux Chateaux
Peindre dans ces miroirs leur vol & leur plumage.

Voicy bien d'autres choses que i'ay à vous dire,

& c'eſt où i'aurois grand beſoin de votre ſecours pour les exprimer dignement. Agréez donc , s'il vous plaiſt , que ie vous invoque en cet endroit comme la maitreſſe du Parnaſ-ſe, & que ie vous prie de me prétervotre plume pour un moment. Encore une fois i'en aurois grand beſoin , & ce ſeroit afin de pouvoir vous dire avec toute la force & la delicateſſe de notre langue que le Roy vint en ces beaux lieux comme nous étions ſi fort occupez à les admirer , &

qu'il nous fit voir dans ce temps-là celuy qui est le mieux fait de tout son Royaume. Il étoit seul & ne fut iamais vétu plus simplement; cependant il effaçoit la pompe & la magnificence méme.

Alors je vis en sa personne

Tout ce riche appareil de gloire & de splendeur

Qui peut accompagner une vaste Couronne,

Et par le saint respect que la Majesté donne

Fait la veritable grandeur

Ie vis dans ses regards, sur son front, en son geste,

Parmy les graces, les appas,

Tout ce qu'on peut voir icy bas

De fort, d'auguste & de celeste.

Ie ne m'étonnay plus de ses divins explois,

De ses succés, de ses conquestes;

Et je dis alors plusieurs fois

Louis est un miracle, il est le Roy des Roys,

Il eſt né pour ranger l'Vnivers ſous ſes loix,
Et mettre ſous ſon joug les plus ſuperbes teſtes.
Avec luy l'allegreſſe entra dans tous ces lieux ;
   Et ſoudain les miroirs avides
De faire le portrait de ce Victorieux,
Quitant tout autre objet eurët leurs glaces vuides
Pour ne plus figurer qu'un Louïs *à nos yeux.*
Ie ne vis plus alors que ce Roy glorieux ;
Son image par tout me parut éclatante ;
Et ravi de la voir ſi belle & ſi frequente,
Moy qui brule pour luy d'un zele ambitieux,
   Ie crus voir du Ciel radieux
Deſcendre au tour de moy la machine roulante,
   Et me trouver parmy les Dieux.

Apres que le Roy s'en fut allé, & que j'eus un peu recueilly mes eſprits que ſa preſence avoit mis en deſordre, je vins à faire reflexion ſur ſon merveilleux naturel à propos du bel endroit où nous étions. Ie ne pouvois affez le loüer de la force qu'il a dans fes affaires, & de la delicateffe qu'il montre dans fes divertiffemens. I'admirois que dans les grands deffeins qu'il medite pour le falut & la gloire de fon Etat, il pût encore penfer à toutes les belles chofes, & les ordonner avec une connoiffance fi parfaite & fi univerfelle.

En effet il fe partage en cent occupations diferentes, & il eft tout entier à chacune. Il regle fes finances, il affure le repos de fes ſujets, il aſſiſte ſes alliez, il reprime les infidelles; & au milieu de tout cela il ne laiſſe pas de cultiver les arts & les ſciences. Faut-il qu'il faſſe la guerre, il en dreſſe le Plan dans ſon Cabinet; il l'execute auſſi-tôt luy-mé-me à la campagne malgré les ardeurs de l'été & les glaces de l'hiver; & c'eſt, Mademoiſelle, ce qui vous l'a fait appeller ſi heureu-ſement *le Heros de toutes les ſaiſons.*

Eſt-il ſolicité par ſes voi-ſins de faire la paix, il ar-réte à leurs prieres le torrent de ſes armes que nulle force étrangere ne pouvoit ni retenir ni ſoûtenir. Il donne ſeul la paix à toute l'Europe ; & apres avoir ioint des Provinces entie-res à ſon Royaume , non ſeulement il eſſaye de l'en-richir par l'établiſſement du Commerce & des Ma-nufactures , mais il travail-le encore tous les iours à l'orner par les Palais & les Maiſons qu'il y fait bâtir ou qu'il embellit.

Ces nobles divertiſſe-mens meritent des loüan-ges auſſi bien que les travaux les plus ſcrieux. Il eſt beau de ſe ioüer quelque fois de la ſorte, & les Rois n'ont que trop d'illuſtres exemples qui les y invitent.

Ainſi la haute Intelligence
Qui gouverne cet Vnivers,
Apres tant d'ouvrages divers,
Tant d'Aſtres, de Fleuves, de Mers,
Qui montrent ſa Toute-puiſſance;
Veut bien pour recreer les yeux
S'exercer encore en tous lieux
A cent autres petits ouvrages.
Tantôt ſur des moules nouvéaux
Faits de ſes mains doctes & ſages,
Elle ſe plaiſt le long des eaux
A former divers Coquillages.
Tantôt elle deſcend juſqu'en nos Iardinages
Pour y peindre toutes les fleurs;
Et dans les champs & les bocages
Enſeignant aux oiſeaux de diferens ramages;
On la voit de mille couleurs
Diſtinguer encor leurs plumages.

F

Mais c'est assez de vers
& de prose ; ie prens un
peu trop l'essor : il est temps
de me reposer, & de finir
cette lettre qui vous assu-
rera de mes respects que
ie suis,

MADEMOISELLE,

Vostre tres-humble & tres-
obeïssant serviteur,
LE LABOUREUR.

De Montmorency ce
4. Septembre 1669.

EXTRAIT DU
Privilege du Roy.

PAR grace & Privilege du Roy donné à Saint-Germain en Laye le
jour de Novembre 1669. Signé par le
Roy en son Conseil, D'ALENCE':
Il est permis à GUILLAUME DE LUYNE
Imprimeur & Libraire à Paris, d'imprimer, vendre & debiter un Livre intitulé
La Promenade de S. Germain, par M. LE
LABOUREUR, pendant le temps &
espace de sept années entieres & accom-
plies, à compter du jour qu'il sera achevé d'imprimer : Et deffences sont faites à
tous Imprimeurs, Libraires ou autres de
quelque qualité & condition qu'ils
soient, d'imprimer, faire imprimer, vendre ny debiter ledit Livre, sous quelque
pretexte que ce soit à peine de trois mil
livres d'amende, & de tous dépens dom-

mages & interests , comme il est plus
amplement porté par lesdites Lettres.

Achevé d'imprimer pour la premiere fois le
12. jour de Decembre 1669.

Registré sur le Livre de la Communauté
suivant l'Arrest de la Cour de Parlement.
Signé A. SOUBRON, Syndic.